ACADÉMIE

DES SCIENCES, LETTRES ET ARTS DE MARSEILLE

DISCOURS DE RÉCEPTION

PRONONCÉ

Dans la Séance publique du 19 Décembre 1880

PAR

M. DE JESSÉ-CHARLEVAL

MEMBRE DE LA CLASSE DES LETTRES

MARSEILLE
TYP. ET LITH. BARLATIER-FEISSAT PÈRE ET FILS,
Rue Venture, 19.

1881

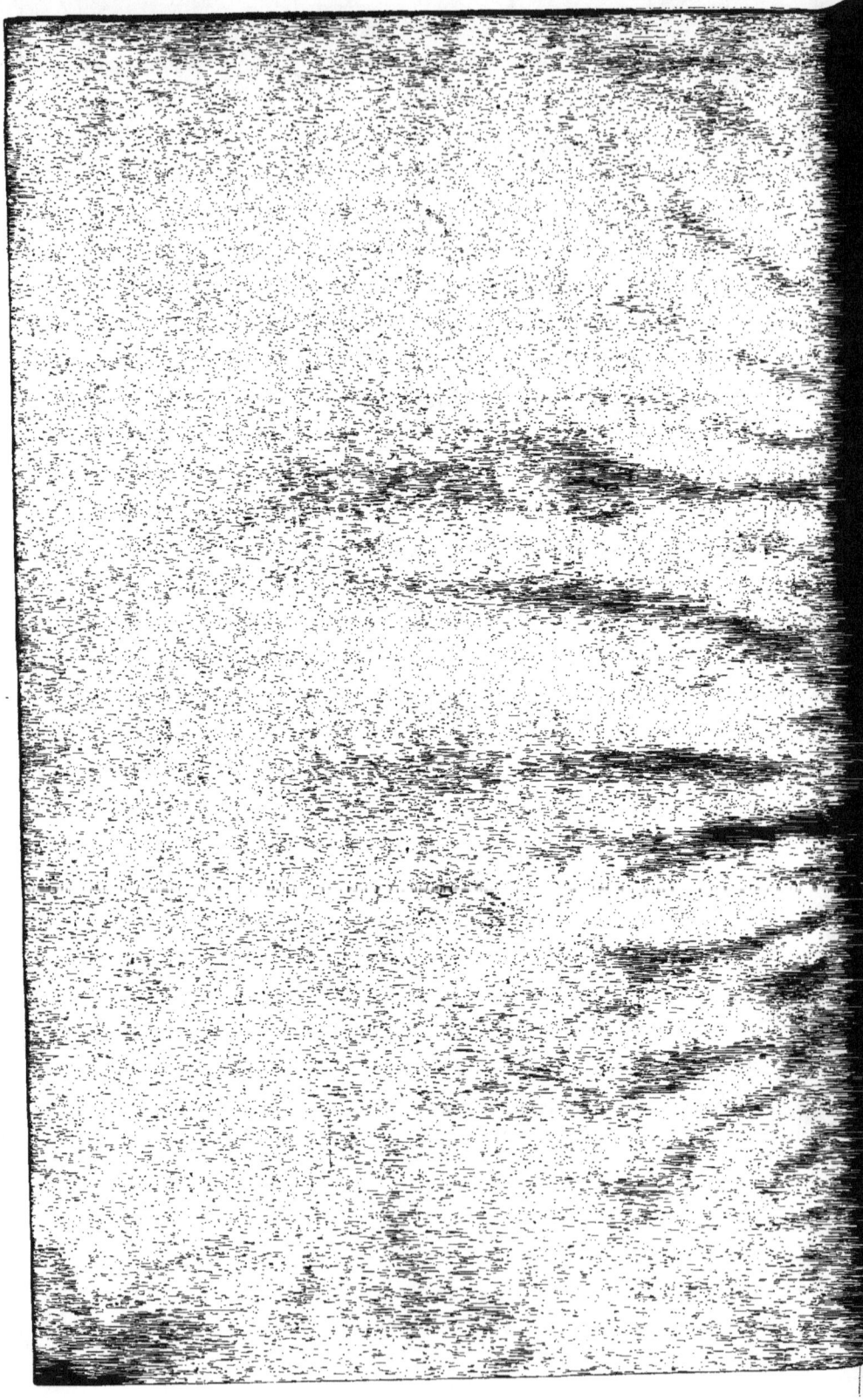

ACADÉMIE

DES SCIENCES, LETTRES ET ARTS DE MARSEILLE

DISCOURS DE RÉCEPTION

PRONONCÉ

Dans la Séance publique du 19 Décembre 1880

PAR

M. DE JESSÉ-CHARLEVAL

MEMBRE DE LA CLASSE DES LETTRES

MARSEILLE

TYP. ET LITH. BARLATIER-FEISSAT PÈRE ET FILS,
Rue Venture, 19.

1881

SÉANCE PUBLIQUE DU 19 DÉCEMBRE 1880.

DISCOURS DE RÉCEPTION

PRONONCÉ

Par M. de JESSÉ-CHARLEVAL,

MEMBRE DE LA CLASSE DES LETTRES.

Messieurs,

Après l'honneur si grand que vous m'avez fait en m'appelant au milieu de vous, rien ne pouvait être plus flatteur pour moi que de me voir désigné pour occuper le fauteuil de l'éminent professeur d'éloquence sacrée, de l'orateur chrétien qui fut une des illustrations de notre ville, de M. l'abbé Bayle dont le nom est encore sans cesse sur vos lèvres et dont le souvenir ne s'effacera jamais de vos cœurs.

J'attache d'autant plus de prix à cette désignation qu'elle va me fournir tout naturellement l'occasion de vous parler de cet homme remarquable à tant de titres, dont l'existence trop courte fut néanmoins si bien remplie.

Ma satisfaction devrait donc être complète et pourtant, faut-il vous l'avouer? un sentiment de tristesse dont je ne puis me défendre envahit mon âme en ce moment.

C'est qu'en arrivant ici je cherche involontairement au milieu de vous ce parent si regretté de qui je reçus les conseils les plus utiles, le collègue, l'ami de la plupart d'entre vous, M. Alfred de Surian, dont la mémoire sera toujours chère à nos concitoyens, et dont l'existence sera toujours pour moi le plus précieux de tous les modèles.

Les circonstances ne m'ont pas fourni souvent l'occasion de me trouver en rapport avec M. l'abbé Bayle ; mais il m'a suffi de le voir de près quelques fois pour me sentir attiré vers lui par une sympathie toute particulière.

Ce sentiment d'attraction, que bien d'autres ont éprouvé comme moi, trouvait-il sa cause dans le caractère essentiellement affable de M. l'abbé Bayle, dans ses manières prévenantes ou dans sa physionomie ouverte respirant tout à la fois, chose rare, l'esprit et l'aménité ? Je l'ignore : mais ce qu'il y a de certain, ce que je puis affirmer, c'est qu'on ne pouvait le voir sans désirer le connaître, qu'on ne pouvait le connaître sans chercher à devenir son ami, et qu'une fois devenu son ami on ne pouvait plus consentir à se séparer de lui.

J'en prends à témoin tous ceux qui, plus heureux que moi, ont été appelés à vivre dans son intimité.

Tant que je vivrai, quant à moi, j'aurai devant les yeux ce visage doux, frais et souriant qui reflétait toute la vivacité de son intelligence et toute la sérénité de son âme, et, dans ce moment même, appelé que je suis à prendre ici sa place, je le vois là vivant devant moi, tout comme s'il voulait me venir en aide et me permettre de vous le dépeindre plus exactement.

Marc-Antoine Bayle est né à Marseille, rue de l'Étoile, n° 6, le 25 mai 1825.

Il était encore tout enfant lorsque son père, honorable marchand drapier sur le cours Belsunce, mourut presque subitement.

Confié à son oncle maternel M. l'abbé Allègre, curé de Gardanne, il fit ses premières études auprès de ce digne prêtre qui lui témoignait son affection par une excessive sévérité.

Cette sévérité, du reste, était alors la base de l'éducation du père de famille ; elle contribua certainement à développer en lui le goût de l'étude, qui devait être sa qualité dominante et qui fit de lui un homme supérieur à tous les points de vue.

Entré au petit séminaire de Marseille à l'âge de quatorze ans, il se fit immédiatement remarquer comme un élève exceptionnel.

Les dures leçons du premier maître avaient porté leurs fruits et l'abbé Allègre eut le droit d'être fier de son disciple et de son neveu.

Avant même de commencer ses humanités, Antoine Bayle fit preuve d'un véritable talent de versification. Le 20 août 1840 (il avait alors quinze ans à peine) il lisait à la séance solennelle de distribution des prix des vers de sa composition que bien des hommes murs auraient signés volontiers. C'était un poème en quatre chants, dans lequel il racontait de la manière la plus spirituelle les divertissements, donnés quelques semaines auparavant, aux élèves de l'établissement à l'occasion de la St-Jean, qui était la fête du supérieur.

Ces vers ont été imprimés dans un recueil intitulé : *Souvenirs du Petit Séminaire du Sacré-Cœur de Marseille*. Ce recueil, qu'une main amie a fait rééditer il y a quelques années, contient aussi diverses fables charmantes qu'Antoine Bayle composa la même année, ainsi que de nombreuses poésies qui portent la signature d'autres élèves du même collège devenus aussi des hommes distingués.

Aux termes des règlements universitaires, alors en vigueur, les jeunes gens qui désiraient subir les épreuves du baccalauréat étaient obligés de faire dans un lycée leurs classes de rhétorique et de philosophie.

Antoine Bayle fut donc forcé de quitter le séminaire pour entrer au lycée de Marseille.

Il y prit tout naturellement le premier rang et ses succès dans cet établissement universitaire furent semblables à ceux qu'il avait obtenus au séminaire.

Ici se place dans son existence un fait qui le révèle tout entier et qui donne la mesure de ce que devait être un jour ce caractère énergique, cette âme ardente et passionnée pour la justice et pour la vérité.

Un professeur dont il suivait les cours crut pouvoir, en parlant de Chateaubriand, insinuer que cet illustre écrivain, qui défendait si bien la religion, n'en suivait pas toujours les préceptes.

Antoine Bayle, qui avait pour Chateaubriand toute l'admiration du poète et du chrétien, ne put pas se contenir en présence d'une appréciation qu'il considérait comme injuste et calomnieuse, il se leva frémissant et, perdant de vue un instant le respect toujours dû par l'élève à son maître, il protesta de la manière la plus énergique, en affirmant que l'auteur des *Martyrs* ne pouvait être qu'un parfait chrétien.

Mis au courant de ce qui s'était passé au lycée de Marseille, Chateaubriand écrivit à son jeune et courageux défenseur; il le félicita chaleureusement et repoussant à son tour, dans une lettre qui fut rendue publique, le reproche dont il avait été l'objet, il donna à celui qui avait ainsi mis en doute la sincérité de ses convictions religieuses, le moyen de reconnaître qu'il s'était trompé.

Malgré toute sa gravité, cet incident n'empêcha pas Antoine Bayle de remporter quelques mois plus tard le prix d'honneur de la classe de philosophie.

La même année il obtenait le diplôme de bachelier ès-lettres et, quittant le lycée, il entrait comme employé dans une maison de commerce.

Il avait voulu sans doute, en passant ainsi quelques temps dans le monde, éprouver sa vocation religieuse et s'assurer que la voix qui l'appelait vers l'autel était bien celle de Dieu.

Cette épreuve fut de courte durée, car un an après

Antoine Bayle était admis au Grand-Séminaire de Marseille.

Tout en étudiant la théologie il continuait à s'occuper de littérature et surtout de poésie.

Pendant qu'il faisait sa seconde année au Grand-Séminaire, il publia sous le pseudonyme de Théotime un recueil de poésies ayant pour titre : *Les Chants de l'adolescence.* Les diverses pièces de vers contenues dans ce volume ont un mérite réel ; mais elles sont surtout et avant tout remarquables par le sentiment religieux dont elles sont empreintes.

Élevé au Diaconat en 1847, il fut, en attendant d'avoir atteint l'âge nécessaire pour recevoir la prêtrise, chargé, sous les ordres du regrettable abbé Julien, de la direction de l'Œuvre des ouvriers.

Il devint bientôt l'âme de cette association essentiellement moralisatrice. Les ouvriers venaient en foule assister à ses instructions et les premiers accents de sa parole adolescente eurent tous les effets d'une véritable mission.

Lorsqu'aux premiers jours de la révolution de 1848 les hommes d'ordre se groupèrent en vue de chercher à donner une sage direction au suffrage universel, il fut au nombre des fondateurs de ce club de la Loubière qui devait rendre de si grands services au pays en assurant le choix de députés comme Berryer, Lacordaire et Sauvaire Barthélemy.

Ordonné prêtre le 22 avril 1848, il fut immédiatement nommé vicaire à Notre-Dame-du-Mont. Mais le grand évêque qui se trouvait alors à la tête du diocèse, Monseigneur de Mazenod, connaissait et appréciait les rares qualités de ce jeune ecclésiastique ; il comprit que l'abbé Bayle rendrait encore plus de services dans une chaire de professeur que dans une paroisse, et, dès la fin de l'année 1851, il le chargea de la classe de seconde au collége catholique de Marseille.

Au mois d'avril de l'année suivante vous appeliez

l'abbé Bayle à venir prendre place dans votre Compagnie.

Son discours de réception, qui traitait du rôle de l'enfant dans la poésie chrétienne, fut véritablement une œuvre de maître, et le poète plein de verve et d'esprit qui avait l'honneur de vous présider alors fit de ce discours l'éloge le plus vrai, le plus juste et le plus mérité en le désignant comme « un chapitre oublié du *Génie du Christianisme.* »

Le Panthéon ayant été rendu au culte, l'archevêque de Paris, Monseigneur Sibour, voulut rétablir le chapitre de sainte-Geneviève. Un concours fut ouvert au mois d'octobre 1852 pour l'obtention des six places de chapelain qui allaient être créées.

L'abbé Bayle prit part à ce concours en même temps qu'un grand nombre de prêtres représentant l'élite du clergé français. Classé le premier, quoiqu'étant le plus jeune de tous, il fut immédiatement promu à la dignité qu'il ambitionnait.

Après lui venait immédiatement M. l'abbé Freppel qui devait être plus tard l'illustre évêque d'Angers.

Si l'abbé Bayle avait prolongé son séjour à Paris, s'il avait conservé la position qu'il devait uniquement à son mérite, il serait arrivé certainement aux plus hautes dignités ecclésiastiques et l'épiscopat français aurait compté un grand prélat de plus.

Mais il avait laissé à Marseille toutes ses affections ; sa mère déjà âgée et dont la santé le préoccupait, sa sœur, jeune veuve entourée de plusieurs enfants ; ses nombreux amis, et enfin le beau climat de notre chère Provence.

Tout cela lui manquait et, malgré les succès obtenus par lui dans les chaires de Paris, il ne put résister au désir de venir chercher dans sa ville natale une situation plus modeste lui permettant de vivre au milieu des siens.

Nommé, sur sa demande, aumônier du lycée de Marseille le 2 novembre 1853, il remplit ces fonctions pendant quatorze ans avec un zèle au-dessus de tout éloge.

Professeurs et élèves, tous ceux qui l'ont connu pendant cette période de son existence, ont conservé de lui le meilleur souvenir. Tous l'ont admiré, tous ont reconnu qu'il était impossible d'évangéliser avec plus de douceur, plus d'éloquence et plus d'onction.

Mais, quelle que fut leur affection pour lui, ses jeunes auditeurs de dix à quinze ans ne pouvaient apporter toujours dans les exercices religieux tout le recueillement que sa profonde piété le portait à attendre d'eux.

Cette légèreté, si naturelle chez les enfants, avait fini par l'attrister au point de le rendre tout à fait malheureux.

Il s'en voulait de ne pas obtenir des résultats plus édifiants, et n'attribuait qu'à lui-même l'insuccès relatif de ses efforts.

L'intérêt même de sa santé exigeait qu'un changement s'opérât dans sa situation.

Il ne se plaignait pas cependant, car il ne savait pas se plaindre, et sans une circonstance tout à fait imprévue qui se produisit en 1867, il serait probablement resté jusqu'à la fin de ses jours simple aumônier du lycée de Marseille.

Un ministre qui s'occupait très-sérieusement de l'instruction publique, M. Duruy, vint à Marseille à cette époque.

C'était un dimanche ; avant de visiter le lycée de Marseille il assista à la messe dans la chapelle de cet établissement.

L'abbé Bayle expliqua devant lui l'évangile aux élèves comme il le faisait tous les dimanches, et sa parole fit une telle impression sur le ministre que, dès la fin de la cérémonie, celui-ci voulut qu'on lui présentât l'aumônier du lycée.

Après lui avoir adressé les éloges les plus flatteurs il conclut en disant à l'abbé Bayle :

« Avec le talent que vous possédez, vous ne sauriez
« employer toute votre existence à enseigner le caté-
« chisme aux enfants ; il faut que vous occupiez une
« position élevée : demandez-la moi, je suis prêt à vous
« l'accorder. »

D'autres auraient profité peut-être d'une aussi favo-
rable occasion pour satisfaire des vues ambitieuses.

L'abbé Bayle, qui désirait plus que jamais ne pas
trop s'éloigner de Marseille, répondit qu'il s'estimerait
heureux s'il pouvait un jour occuper une chaire à
la Faculté d'Aix.

« Vous êtes vraiment trop modeste » reprit le ministre, et quelques jours après, le 25 octobre 1867, mettant
sa promesse à exécution, M. Duruy signait un arrêté
par lequel l'abbé Bayle était chargé du cours d'Éloquence sacrée à la Faculté de théologie d'Aix.

Nommé professeur titulaire à la même Faculté le
5 décembre 1869 et chargé presqu'en même temps du
cours complémentaire d'éloquence sacrée à Marseille,
l'abbé Bayle a fait dans ces deux chaires des conférences où l'érudition la plus profonde se joignait à
l'éloquence la plus entraînante.

A Marseille, comme à Aix, tous ceux qui avaient le
goût des lettres suivaient ses cours avec une assiduité
peut-être inconnue jusque là, et les applaudissements
que cet auditoire d'élite lui prodiguait eussent été
de nature à enorgueillir un homme moins simplement
modeste que lui.

C'est là, c'est pendant les dix années qui furent
employées par lui à instruire tout à la fois les élèves
du Grand-Séminaire, la société d'Aix et celle de Marseille, que l'abbé Bayle, dont le talent oratoire était
déjà si remarquable, vit ce talent atteindre son apogée.
C'est là tout au moins qu'il lui fut donné de le faire
mieux connaître et mieux apprécier, mais c'est là
aussi que vint l'atteindre, hélas ! le mal qui devait
entraîner sa fin prématurée.

Ce n'est pas impunément qu'un homme, se laissant

absorber par l'étude, y consacre ses jours et ses nuits sans trêve ni repos.

L'existence sédentaire à laquelle il se condamne ainsi amène trop souvent dans l'organisme des désordres dont les suites sont fatales.

Il en fut ainsi pour l'abbé Bayle. Un mal intérieur, dont les premières atteintes remontaient à plusieurs années, fit chez lui, en peu de jours, des progrès effrayants. Malgré les souffrances qu'il endurait et, bien qu'il se rendit compte de la gravité de son état, il voulut continuer à professer, mais il dut bientôt s'avouer vaincu et, le 18 janvier 1877, il sortit de la Faculté des sciences de Marseille pour ne plus jamais y revenir.

A partir de ce jour aucun espoir de guérison ne lui fut plus permis. Il ne lui resta plus qu'à attendre l'heure fixée par Dieu pour la fin de ses souffrances.

Il apporta dans cette attente tout le calme et toute la résignation du vrai chrétien et ce fut avec la plus douce sérénité qu'il vit la mort venir à lui.

Il n'en saurait être autrement lorsqu'on s'est appliqué comme lui à suivre la voie du Dieu fait homme, du Rédempteur du monde qui a dit à son père, en face du Calvaire :

« Je vous ai glorifié sur la terre, j'ai accompli l'œuvre
« que vous m'aviez donnée à faire. »

Ce fut le 17 mars 1877 que la mort le sépara de nous ; mais, si son âme s'est envolée vers la région des célestes récompenses, nous ne l'avons pas perdu tout entier. Il nous reste, en effet, une partie de lui-même dans les remarquables écrits qu'il a laissés.

Le nombre de ses ouvrages est trop considérable pour qu'il me soit possible de songer à les passer tous en revue dans une esquisse aussi rapide que celle-ci. Je me bornerai donc à vous entretenir de ceux qui ont plus particulièrement attiré mon attention.

Au premier rang se place l'*Étude sur Prudence*, qu'il présenta à la Sorbonne le 30 avril 1861 comme thèse pour le doctorat en théologie.

Ce fut vraiment par une heureuse inspiration qu'il fut amené à traiter ainsi la vie et les œuvres de ce poète chrétien du IV° siècle, qui était presque complètement oublié et qui méritait si bien cependant d'avoir un historien,

Avant la publication du livre de l'abbé Bayle, il n'était donné qu'aux érudits de se rendre compte du mérite et d'apprécier le génie de Prudence ; aujourd'hui une lacune regrettable se trouve comblée et c'est à bon droit que, semblant pressentir que quelqu'un s'occupait, à ce moment même, d'étudier et de traduire Prudence, M. Villemain a pu dire il y a vingt-cinq ans :
« Les vers de Prudence ne périront jamais et seront
« chantés sur la dernière terre barbare que le chris-
« tianisme aura conquise et bénie. »

Chez Prudence, ainsi que nous le dit l'abbé Bayle, le poète et le chrétien sont inséparables et la poésie n'est pour lui qu'une forme de la prière.

Dans une série de poèmes, tous plus remarquables les uns que les autres, nous voyons Prudence se montrer tout à la fois profond théologien, historien érudit et savant archéologue.

Ses œuvres renferment les plus précieux enseignements pour les théologiens qui cherchent à connaître exactement l'antiquité chrétienne, aussi bien que pour les savants qui étudient l'antiquité profane.

On y trouve relatés, avec les détails les plus circonstanciés, tous les supplices des martyrs. On y voit la description des catacombes et des églises, ainsi que celle des cérémonies religieuses avant et après Constantin. Il y est même question des origines de la sténographie, car Prudence nous apprend comment saint Cassien se montrait habile à saisir tous les mots avec des notes brèves et à suivre, avec des points rapides, les paroles d'un discours à mesure qu'elles étaient prononcées :

Verba notis brevibus comprendere cuncta peritus,
Raptimque punctis dicta præpetibus sequi.

— 13 —

On ne saurait, d'après M. l'Abbé Bayle, s'attendre à trouver dans les poèmes de Prudence l'harmonie et la pure latinité de Virgile, de même qu'on ne saurait chercher dans la prose de saint Augustin l'élégante latinité de Cicéron.

Sous la plume des auteurs chrétiens, la langue latine subissait, en effet, peu à peu, une véritable transformation ; beaucoup de mots anciens recevaient une signification éloignée de leur sens primitif; beaucoup de mots nouveaux étaient forcément créés pour exprimer avec justesse des idées nouvelles.

L'abbé Bayle croit, néanmoins, que Prudence avait étudié très-soigneusement tous les chefs-d'œuvre de la poésie latine, et, pour le démontrer, il établit de très-curieux rapprochements entre les vers de ce poète et ceux de Virgile, d'Horace et de Juvénal.

Pour compléter son étude, il la fait suivre du texte latin et de la traduction française de l'un des poèmes de Prudence le *Cathemerinon*.

Ce poème contient douze hymnes dans lesquelles la vie chrétienne se trouve décrite avec l'énumération des devoirs de chaque jour, il abonde en douces et consolantes images et pourrait être exactement appelé la *Journée du Chrétien au IVme siècle*.

La traduction du *Cathemerinon*, par l'abbé Bayle, est d'une remarquable exactitude et l'auteur a complètement atteint le but qu'il s'était proposé, celui de donner une idée du style de Prudence en conservant à la phrase une allure française.

Chacune des hymnes est accompagnée d'une série de notes très-intéressantes, renfermant, avec des explications curieuses sur les coutumes des Romains et sur la vie des chrétiens au IVme siècle, des notions historiques et géographiques ainsi que des dissertations théologiques,

En un mot, l'ouvrage dont nous nous occupons dénote chez son auteur une instruction des plus variées en même temps qu'elle témoigne de recherches aussi consciencieuses qu'intelligentes.

Tandis que Prudence faisait retentir les accents harmonieux de la lyre chrétienne, saint Bazile, archevêque de Césarée, instruisait son peuple et cherchait à rétablir dans l'église la paix que de nombreuses hérésies étaient venues troubler.

La pensée d'écrire aussi la vie de ce grand saint ne pouvait manquer de se présenter à l'esprit de celui qui avait été l'historien de Prudence. L'abbé Bayle le fit avec le talent consciencieux qui distingue tous ses travaux. Mais il n'eut pas le temps de publier l'ouvrage important qu'il avait préparé et dans lequel les actes et les œuvres de saint Grégoire se trouvent étudiés parallèlement avec les actes et les œuvres de saint Bazile.

Fort heureusement, M. Blanchard, le digne neveu de l'auteur, vient de se charger du soin de faire éditer cette étude historique dont il eût été vraiment trop regrettable que le public fût privé.

Le but constant de l'abbé Bayle, son désir le plus ardent étaient de rendre service à la jeunesse, de chercher à l'instruire en l'intéressant et de la moraliser en lui montrant des exemples à suivre.

Il a publié, dans ce but, la vie de plusieurs saints originaires de Marseille ou de Provence, notamment celle de saint Victor, de saint Lazare et de saint Serenus.

Il a écrit, en outre, avec plus de développements, la vie de saint Vincent Ferrier et celle de saint Philippe de Néri.

La première lui fournit l'occasion de faire l'historique du schisme d'Occident. Il peint saint Vincent-Ferrier parcourant la Provence et le Dauphiné, obtenant l'abdication de Benoît XIII et devenant l'arbitre des peuples et des rois en même temps que le fondateur de l'Université de Valence en Espagne.

Dans la seconde, il montre saint Philippe de Néri déployant un zèle tout particulier pour convertir les jeunes gens et les faire persévérer dans le bien; et très-involontairement, sans doute, il semble écrire ainsi son histoire personnelle.

Ce rapprochement qui s'impose tout naturellement au lecteur devient encore plus sensible lorsque l'abbé Bayle fait ressortir que saint Philippe de Néri triompha de ses ennemis par la douceur.

Ne savons-nous pas, en effet, que la douceur était une des qualités principales de celui dont nous parlons, et qu'elle contribuait pour beaucoup à assurer le succès de ses prédications ?

Mais ce n'est pas seulement dans la vie des saints que l'abbé Bayle cherche des exemples et des enseignements pour ceux auxquels il veut inspirer l'amour du bien. Il sait choisir des modèles parmi tous les hommes qui ont, à des titres quelconques, marqué dans l'histoire de notre pays.

C'est ainsi que sous sa plume, Victorin, le célèbre rhéteur marseillais, vient prendre place dans le *Plutarque provençal*.

C'est ainsi qu'il présente aux lecteurs de la *Revue de Marseille*, une notice sur Guillaume du Vair, ce magistrat distingué qui, chargé par Henri IV de pacifier le Midi de la France, sut, en accomplissant cette mission difficile, et en s'acquittant consciencieusement de ses devoirs de grand justicier, acquérir des droits impérissables à la reconnaissance des Provençaux.

C'est ainsi, enfin, que Massillon a fait le sujet d'une de ses études les plus sérieuses et les plus approfondies.

Ce grand orateur, qui était originaire d'Hyères, avait, aux yeux de l'abbé Bayle, le mérite de posséder un talent de persuasion qui, dans sa pensée, convenait mieux que tout autre à la chaire chrétienne.

Il suffit de voir le parallèle qu'il établit entre Massillon et Bourdaloue pour se rendre compte de ses préférences marquées en faveur du premier.

Les sermons de Bourdaloue, dit-il, en effet, sont de véritables thèses dont les raisonnement sont si fortement enchaînés que, lorsque l'orateur déduit ses conclusions, on est obligé d'avouer qu'il a raison.

Mais les sermons de Massillon sont, au contraire, des conseils affectueux, des reproches à la fois tendres et véhéments, qui ramènent l'énergie de la volonté plus qu'ils n'éclairent l'intelligence, qui attendrissent l'auditeur et l'obligent à verser des larmes ou tout au moins à se frapper la poitrine en s'écriant : J'ai tort. Et pour démontrer l'irrésistible effet de l'éloquence de celui dont il écrit la vie, il rappelle ensuite que Louis XIV qui, malgré son caractère absolu, aimait, parfois, la franchise, s'exprimait, un jour, ainsi, devant toute la Cour, en s'adressant à Massillon :

« Mon père, j'ai entendu plusieurs grands orateurs ; « j'en ai été fort content ; pour vous, toutes les fois que « je vous entends, je suis fort mécontent de moi. »

Des sermons de Massillon aux sermons de l'abbé Bayle, la transition est toute naturelle, car celui-ci s'appliqua toujours à prendre le premier pour modèle.

Je ne crois pas qu'il existe à Marseille une église dans laquelle il n'ait été appelé à se faire entendre, et l'empressement que les fidèles mettaient à entourer sa chaire suffit à lui seul pour donner une idée exacte de l'heureuse influence de sa parole.

Mais, si ses sermons étaient appréciés par tous, ses instructions familières, ses commentaires de l'Évangile, ses homélies, en un mot, l'étaient bien davantage encore. C'était là, en effet, qu'il excellait absolument, ce genre de prédication s'appropriant admirablement bien au caractère de son talent, dont les qualités principales étaient, avec la douceur, le naturel et la simplicité.

Les homélies dont je parle ont été colligées et publiées par lui-même.

En faisant cette publication, il n'avait d'autre intention que de procurer des lectures utiles aux âmes pieuses. Mais il atteignit, sans le vouloir, un tout autre but. Il paraît, en effet, qu'en dehors de Marseille, certains prédicateurs prennent des inspirations dans ces homélies, quand ils ne vont pas jusqu'à se les approprier complètement.

Ce fait, qui représente le meilleur éloge qu'on puisse faire des instructions de l'abbé Bayle, lui fut révélé dans un voyage qu'il fit en Suisse, il y a quelques années.

Étant entré dans l'église de Genève pendant qu'un ecclésiastique occupait la chaire, il fut très-surpris d'entendre émettre des pensées qu'il se souvenait d'avoir émises, d'entendre employer des expressions qu'il se rappelait avoir employées lui-même. Après quelques instants d'attention, le doute ne lui fut plus permis..........

C'était à un de ses propres sermons qu'il assistait.

Il avait été vu dans l'église par Monseigneur Mermillod, dont il était connu depuis longtemps, et celui-ci, recevant sa visite quelques instants après le sermon, lui dit, avec cette finesse d'esprit qui le caractérise :

« J'ai bien rarement le plaisir de vous voir ici ; mais « j'ai souvent celui de vous entendre. »

Poète : L'abbé Bayle n'a pas publié seulement les *Chants de l'adolescence*, dont j'ai déjà parlé. Le *Bulletin Catholique*, qu'il rédigeait en collaboration avec M. l'Abbé Magnan, la *Revue de Marseille*, la *Gazette du Midi*, le *Citoyen* et d'autres journaux encore, ont donné de lui de nombreux articles sur les sujets les plus variés, ainsi que diverses pièces de vers français et de charmants noëls en vers provençaux.

Sa dernière œuvre fut insérée dans le numéro de la *Revue de Marseille*, de janvier 1877, qui parut au moment même où il venait d'être mortellement atteint.

C'est une pieuse légende racontée en vers excellents.

On ne saurait connaître complètement l'histoire d'un homme sans savoir quels furent ses amis.

L'abbé Bayle choisit tout naturellement les siens parmi des lettrés comme lui.

De ce nombre furent :

M. l'Abbé Magnan, cet écrivain de talent qui fut avec lui, dès l'enfance, en communion d'idées, de goûts et de principes; qui fut souvent son collaborateur et qui, ne l'ayant presque jamais quitté, a pu me donner sur lui des renseignements pleins d'intérêt.

M. Auguste Laforet, le charitable fondateur de la *Revue de Marseille*, ce magistrat poète dont la mort a fait un si grand vide dans vos rangs et dont l'éloge ne tardera pas à vous être présenté par un de vos nouveaux élus, magistrat distingué comme lui, qui, par une heureuse coïncidence, est aussi poète comme lui.

Je nommerai ensuite Paul Reynier, ce poète charmant qui s'apprêtait à devenir une des célébrités de notre pays et que la mort vint faucher impitoyablement à l'aurore de son talent et de sa gloire, au moment même où l'Académie de Marseille venait de lui ouvrir ses portes.

L'abbé Bayle, qui avait dirigé les premiers essais de Reynier, fut, pour ainsi dire, son bon génie. Il le pleura comme un frère et voulut se faire l'éditeur de ses œuvres, en tête desquelles il écrivit, sous la dictée de son cœur, une biographie qui est un véritable chef-d'œuvre de sentiment.

Voulant témoigner combien il appréciait un autre poète, votre collègue, qui nous reste, fort heureusement, l'abbé Bayle se chargea, vous le savez, de présenter au public, dans une préface très-attachante, le recueil de poésies de M. Hippolyte Matabon, qui a pour titre : *Après la Journée*.

Au nombre de ceux qui ont eu le bonheur de vivre dans l'intimité ds l'abbé Bayle, je citerai encore votre honorable Président, M. Ludovic Legré, chez lequel je retrouve, moi-même, avec autant de fierté que de bonheur, un de mes meilleurs et de mes plus anciens amis.

Enfin, Messieurs, vous avez au milieu de vous quelqu'un dont l'amitié fut tout particulièrement précieuse pour M. l'Abbé Bayle; votre éminent collègue, M. le Baron Gaston de Flotte, lui témoignait depuis longtemps une si grande et si paternelle affection que de véritables liens de parenté semblaient s'être établis entre eux.

Leurs relations étaient presque quotidiennes. L'abbé Bayle était associé à toutes les joies comme à toutes les tristesses de la famille de Flotte, et le charme qu'il trouvait dans cette intimité était si grand que lorsqu'il s'éloignait de Marseille, sa pensée se reportait constamment vers le toit si hospitalier de Saint-Jean-du-Désert.

Une correspondance suivie s'établissait alors entre les deux amis, et bien souvent les communications de l'abbé Bayle prenaient la forme poétique.

M. Gaston de Flotte a conservé religieusement tous les vers qui lui furent ainsi adressés. Il a bien voulu ouvrir devant moi son précieux écrin, et j'y ai trouvé de véritables joyaux qui figureront un jour, je l'espère, dans une édition complète des œuvres de l'abbé Bayle.

Mais, en attendant, je tiens à mettre sous vos yeux quelques-uns de ces vers inédits; ils vous rappelleront, j'en suis certain, cette gracieuse et spirituelle gaîté qui faisait le charme des conversations intimes de l'abbé Bayle.

Permettez-moi seulement de vous apprendre ou de vous rappeler que, chez celui auquel étaient adressés les vers que je vais vous lire, le culte de Flore, va de pair avec celui des Muses.

Voici donc le sonnet que M. l'Abbé Bayle adressait le 24 juin 1863 :

AU PLUS JARDINIER DES POÈTES
AU PLUS POÈTE DES JARDINIERS

Quand Velléda jadis, dans les forêts d'Armor,
Allait, au nouvel an, le front ceint de verveine,
Cueillir le gui sacré sur le tronc d'un vieux chêne,
Sa jeune main s'armait d'une serpette d'or.

Quand, au cri d'Evohé, reprenant son essor,
La bacchante courait des coteaux à la plaine
Et dépouillait les ceps en invoquant Silène
Sa serpette d'argent coupait, coupait encor.

En ce siècle de fer où sont les Druidesses ?
La vendange a perdu ses robustes prêtresses
Qui, foulant le raisin, chantaient Bacchus vainqueur.

Il faut donc renoncer à l'antique serpette,
Pour être de son temps, le jardinier poète
Doit tailler le bois mort *avec un sécateur.*

Inutile de dire que M. Gaston de Flotte répondait dans cette langue des Dieux qui lui est si familière, et que ses vers, fidèles à une habitude que vous leur connaissez depuis longtemps, étaient aussi remarquables par l'élévation des sentiments que par la forme dans laquelle ces sentiments étaient exprimés.

Je n'en veux pour preuve que cette épitre charmante qu'il adressait à son ami en 1868 et qu'il terminait en lui donnant, ainsi, dans le ciel, un rendez-vous auquel celui-ci se trouve, hélas ! rendu trop tôt.

Quand la mort..... de ma chair viendra me délier,
Je sais que votre cœur ne pourra m'oublier.
Mon âge, cher abbé, veut que je vous précède,
Qu'au saint-autel pour moi votre voix intercède.
Mais quand dans le tombeau j'aurai longtemps dormi,
Vous saurez bien au ciel retrouver un ami,
Comment ? à la lueur de la divine aurore ?
Aux effluves de l'âme et du cœur ? Je l'ignore.
Mais j'en ai pour garant Dieu que nous adorons,
Et je n'en puis douter : Nous nous retrouverons.

Je ne saurais terminer sans vous rappeler tout ce qu'il y avait de charitable bonté dans le cœur de l'abbé Bayle.

Sa main généreuse fut toujours ouverte aux malheureux, sa parole fut toujours au service de toutes les infortunes. Quand il s'était dépouillé de tout son revenu et qu'il lui devenait impossible de donner, sa charité ingénieuse lui faisait trouver encore le moyen de venir en aide à ceux qu'il ne pouvait plus obliger de sa bourse.

C'est ainsi que, sans parler de tous les sermons qu'il donna pour soulager la misère sous toutes ses formes, il alla jusqu'à consentir, un jour, à faire, dans l'intérêt d'une famille malheureuse, à la salle de l'Union-des-Arts, une conférence sur Molière et le Misanthrope.

Cette conférence fut remarquable à tous les points de vue ; j'en ai eu le manuscrit sous les yeux et j'y ai trouvé, avec des traits d'esprit charmants, les aperçus les plus nouveaux et les observations les plus judicieuses.

Tout démontre que ce travail avait été l'objet d'une préparation d'autant plus sérieuse qu'il s'agissait, en le faisant, d'accomplir une bonne œuvre.

Tel fut, Messieurs, l'homme de bien que Marseille a perdu.

Doué des plus belles et des plus heureuses qualités, il nous a donné la mesure des services que peut rendre à la société celui qui, faisant abnégation de lui-même et renonçant volontairement aux joies de la famille, se dévoue tout entier à ses semblables en vue d'être agréable à Dieu.

L'abbé Bayle restera, pour tous ceux qui l'ont connu, le type le plus parfait du prêtre catholique.

S'il en était besoin, le spectacle de vertus comme les siennes suffirait pour démontrer l'existence d'une vie meilleure succédant à celle que nous accomplissons ici bas.

Comment croire, en effet, que celui qui s'est refusé toutes les satisfactions de ce monde pour être utile aux autres ne trouvera pas ailleurs une juste compensation pour ses sacrifices volontaires !

Comment croire que la simple philanthropie puisse inspirer des dévouements semblables à celui dont il nous a faits les témoins !

Non, tout n'est pas fini pour nous après la mort et notre âme, que le poète Prudence appelait un souffle de Dieu, retourne vers celui de qui elle émane.

Et maintenant, laissez-moi vous le dire, en voyant ce que fut l'abbé Bayle comme écrivain, comme poète et comme orateur ; en voyant tout ce qu'il a fait de noble et de beau, d'utile et de bon, je me suis demandé comment une personnalité aussi modeste que la mienne avait pu vous paraître digne d'être choisie pour succéder à un homme aussi éminent et j'ai compris combien était grande pour moi la dette de reconnaissance imposée par vos suffrages.

Heureux, si au moins, pour commencer à m'acquitter envers vous, j'avais pu atteindre aujourd'hui le but que je m'étais proposé et si, en vous entretenant comme je l'ai fait, d'un confrère si regretté, j'avais pu vous procurer, pendant quelques instants, la douce illusion de croire qu'il était encore au milieu de vous.

RÉPONSE DE M. LUDOVIC LEGRÉ,

PRÉSIDENT,

AU DISCOURS DE RÉCEPTION DE M. DE JESSÉ-CHARLEVAL.

Monsieur,

L'Académie réalise aujourd'hui, en vous admettant dans son sein, un de ses plus chers souhaits. Mais par une rencontre qui, je le crois bien, ne s'est point encore présentée dans les fastes de notre Compagnie, ce ne sera pas la première fois que nous aurons eu le plaisir de vous voir prendre place à nos côtés. Vous avez siégé parmi nous avant de nous appartenir et nous avions déjà eu la bonne fortune de vous entendre.

Au temps où fut remis en vos mains le gouvernail des affaires municipales, vous eûtes à cœur de nous installer vous-même dans ce palais de la nouvelle bibliothèque où la munificence de la Ville de Marseille nous avait, dès l'adoption des plans, réservé une salle pour nos séances ordinaires. Et comme il ne nous est pas défendu de trahir le secret de nos délibérations, laissez-moi vous dire que l'Académie, touchée de l'intérêt que lui marquait ainsi le premier magistrat de la cité, fut encore plus charmée par le mérite littéraire du discours prononcé par vous à cette occasion ; ce qui fit naître spontanément chez nous tous la pensée de vous retenir en vous attribuant l'un des sièges si dignement occupés jadis par des maires tels que le baron d'Anthoine de Saint-Joseph et le marquis de Montgrand. En sorte qu'au lieu d'attendre, comme il est d'usage, les remercîments que nous sommes habitués à recevoir, c'est nous plutôt qui devions vous être reconnaissants d'avoir répondu à nos désirs, le jour où vous avez demandé à devenir l'un des nôtres.

Mes confrères voudront bien me permettre d'ajouter à cette divulgation de leurs sentiments l'expression particulière du bonheur que j'éprouve à vous mettre en possession du fauteuil auquel nos suffrages vous ont appelé. En me conférant cette année le très-grand honneur de présider leurs réunions, ce n'est pas seulement à mon orgueil, c'est surtout à mon cœur qu'ils auront fait goûter une satisfaction dont je n'oublierai jamais la douceur.

Nous avons été, Monsieur, voués presque en même temps, vous et moi, à l'exercice d'une profession que nous chérissons tous les deux, parce qu'elle suscite bien souvent, au milieu des ardeurs de la lutte, ces chaudes amitiés que fait éclore le champ de bataille. Nous étions, le premier jour, des frères d'armes destinés à combattre sous les mêmes enseignes. Attiré vers vous par l'aménité d'un cordial accueil, les grâces de l'esprit, l'élévation du caractère, j'ai senti se resserrer entre nous les liens d'une étroite intimité, et c'est un ami, dans toute la vérité de ce mot, que j'ai la joie de saluer aujourd'hui au seuil de notre Compagnie.

Et s'il est vrai, comme le prétend un vieux proverbe, qu'un malheur ne vient jamais seul, la Providence, — vous ne me pardonneriez pas de dire le hasard, — permet quelquefois qu'il en soit ainsi du bonheur. Le jour où j'étais appelé à vous souhaiter la bienvenue, devait être doublement heureux.

Vous me faisiez tantôt l'honneur de me nommer avec ceux à qui votre prédécesseur accorda son amitié. Je l'avais eu pour maître et parmi d'autres dettes de filiale reconnaissance contractées envers lui, puis-je ne pas rappeler que ce fut son amical patronage qui me valut si prématurément l'avantage d'entrer à l'Académie ? Après avoir assisté avec une pieuse émotion à l'hommage attendri rendu par vous à sa mémoire, rien ne pouvait m'être plus doux que cette occasion de m'associer à son éloge.

Vous venez, Monsieur, de nous peindre l'abbé Bayle avec une telle vérité d'expression que nous avons pu, en vous écoutant, nous faire illusion comme vous le vouliez, et, pour quelques instants oublier que la mort, impitoyable en ses empressements, nous a si tôt séparés de lui. Nous avons revu, pendant que vous parliez, cette physionomie si attrayante, véritable miroir dont aucune ombre ne ternissait la limpidité, où se réfléchissaient les candeurs d'une âme virginale, et qui s'illuminait au rayonnement de son vif esprit.

Sic oculos, sic ille manus, sic ora ferebat.

Vous n'avez pas été moins bien inspiré pour nous redire ce que fut cette âme que Dieu avait ornée de qualités exquises. La fidélité de ce vivant portrait mérite d'être particulièrement louée, puisque ce n'est qu'en de fugitives circonstances qu'il vous a été donné de voir de près le modèle.

Heureux ceux qui ont pu savourer, dans les causeries de l'intimité, tout le charme que répandait autour d'elle cette intelligence d'élite ! Combien d'heures se sont ainsi envolées à tire d'ailes, sans que l'auditeur fasciné s'aperçût de leur fuite, dans ce modeste cabinet de travail qu'embellissaient pourtant quelques toiles de prix, dans cette maison de campagne de Saint-Jérôme où, pendant les dernières années de sa vie, il aimait à passer le temps des vacances, sous des bosquets qu'il ne dédaignait pas, devenu lui aussi poète-jardinier, d'émonder de ses mains ! Une bonne humeur qui s'épanouissait avec un doux éclat sur un visage toujours souriant ; un esprit dont les vives saillies se succédaient ; une verve entraînante et jeune ;

une malice aimable que rendait quelquefois plus piquante le contraste d'une naïveté inattendue et charmante ; une science nourrie et sûre ; une horreur instinctive pour les choses vulgaires ; de continuels élans vers l'idéal ; une langue imagée, une éloquence vibrante, voilà ce qui donnait à ses conversations familières un si grand attrait ; voilà ce qui en faisait le plus délicieux régal intellectuel.

Les dons brillants de l'imagination s'alliaient chez l'abbé Bayle à un amour passionné pour l'étude. Son application au travail était extrême et il y consacrait tout le temps dont l'austérité de sa vie lui permettait de disposer, après l'accomplissement de ses devoirs sacerdotaux. Il s'est laissé emporter à son ardeur, ne s'apercevant pas que par un véritable excès il usait des ressorts trop fragiles, et vous avez eu raison d'affirmer que ce labeur, qui dépassait la mesure de ses forces, a malheureusement abrégé ses jours.

Quel vaste champ que celui sur lequel s'est déployée cette incessante activité !

Vous avez passé en revue de nombreux ouvrages publiés par l'abbé Bayle, et cependant votre énumération est demeurée bien incomplète. J'en fais la remarque, non point pour vous adresser une critique, mais pour mieux louer la fécondité du laborieux écrivain. Si nous avions voulu donner, l'un et l'autre, une analyse même succincte de toutes les productions de sa plume, il nous aurait fallu plus de temps que nous ne pouvons en demander à l'indulgente attention de cette assemblée, et c'est là, certainement, le meilleur éloge que l'on puisse faire d'une existence si bien remplie.

Vous nous avez rappelé les succès auxquels il s'était préparé en étudiant avec tant de soin les maîtres de la chaire chrétienne. Vous avez mentionné la plupart des œuvres qui furent le fruit de ces études. Il convient d'y ajouter une notice sur Mascaron, qu'il avait communiquée à l'Académie, et dont nos Mémoires se sont enrichis. Membre de la congrégation de l'Oratoire, puis évêque de Tulle et plus tard d'Agen, Mascaron avait conquis par son éloquence la plus grande célébrité. Il prêcha plusieurs fois devant Louis XIV, à qui toujours il fit entendre un langage empreint d'une apostolique hardiesse. Et, comme un jour des courtisans, croyant faire plaisir au roi, se plaignaient en sa présence de l'audacieuse liberté du prédicateur, ce grand prince, qui fut quelquefois si libéral, leur adressa cette belle réponse : « Il a fait son devoir, c'est à nous de faire le nôtre. » Mascaron fut jugé digne de prononcer, en même temps que Bossuet, l'oraison funèbre d'Henriette d'Angleterre, et, avec Fléchier, celle de Turenne. Il excita l'admiration de ses contemporains. Mais la gloire qui lui en revint a été quelque peu éclipsée, aux yeux de la postérité, par celle de Bossuet, même par celle de Fléchier. L'évêque d'Agen était Marseillais et l'abbé Bayle obéissait aux inspirations de son patriotisme lorsqu'il remettait en lumière la figure d'un orateur que Marseille doit être fière de compter parmi ses fils.

Vous ne nous avez rien dit, Monsieur, d'un genre littéraire auquel l'abbé Bayle, conduit par une prédilection naturelle, s'adonna souvent ; je veux parler du roman qui a usurpé, en dépit qu'on en ait, une si large place dans la littérature contemporaine. Les facultés spéciales dont son esprit était doué, et en particulier la fertilité de son imagination, le disposaient à y réussir. Il a produit en ce genre plusieurs œuvres qui se distinguent par un style enjoué, des descriptions colorées, de fines observations, un dialogue alerte, des mots pétillants. Il s'est quelquefois amusé à peindre des scènes et des personnages empruntés à ce que je prendrai la liberté d'appeler le microcosme marseillais. Il ne trouvait pas ces spirituels badinages dignes d'être publiés sous son nom. Il les signait d'un pseudonyme transparent, dont ses amis avaient aisément pénétré le mystère. Le public accueillit toujours avec faveur ces gais récits, et parmi des éditions depuis longtemps épuisées, je citerai *Lucien de Seillan* et surtout *Robert,* où l'auteur avait décrit les incidents burlesques ou tragiques auxquels donna lieu à Marseille la révolution de 1848.

Ai-je besoin de dire que sous le rapport de leur morale, ces œuvres, jugées par lui trop légères pour être avouées, furent toujours irréprochables? Plus tard, il conçut le dessein d'élever au plus haut degré la portée du roman, de mettre la fiction au service de la réalité, d'employer les agréments de cette forme littéraire à la propagation de la vérité historique et religieuse. Il eut l'ambition de vouloir suivre la voie si heureusement inaugurée par l'illustre auteur de *Fabiola.* Sous cette inspiration, il composa deux volumes dans lesquels se manifeste toute la vigueur d'un talent en pleine maturité. L'un est intitulé *la Perle d'Antioche*, et l'autre *Thalie.*

Il évoque devant ses lecteurs cette période historique qui commence à l'avènement de Constantin et s'étend jusqu'au règne des fils de Théodose. L'humanité traverse alors une crise décisive. C'est à partir de ce siècle que s'ouvriront les temps nouveaux. Le christianisme, toujours en lutte, mais contre d'autres ennemis, va changer la face du monde. Au milieu de quels contrastes s'opère cette rénovation! Tandis que le culte chrétien poursuit ses conquêtes, le paganisme résiste encore et jette un dernier éclat. En présence de l'antique civilisation, aux élégances raffinées, se dresse de toutes parts la barbarie menaçante. L'abbé Bayle avait étudié cette époque, jusque dans les moindres détails archéologiques, avec une telle conscience, et il la peignit avec des couleurs si vraies, qu'il semblait que lui-même y eût vécu. Dans la *Perle d'Antioche*, il raconte l'héroïque sacrifice accompli par une femme de théâtre qui, devenue chrétienne, renonce à tous les enivrements, et va, nouvelle Madeleine, expier au fond d'une caverne les délices de sa vie passée. Cette œuvre est précédée d'une dissertation sur le roman chrétien où, remontant jusqu'aux plus obscures tentatives faites en ce genre, il nous montre combien il était versé dans les secrets de l'histoire littéraire. Le volume de *Thalie* met en scène Arius et il nous y expose d'une façon attrayante, — véritable tour de force, — en quoi consistaient les subtilités de l'arianisme. Ces deux ouvrages devaient lui faire le plus grand honneur, et il y comptait bien, car, non-seulement il les signa, mais de plus, sur le frontispice, à sa qualité de professeur d'éloquence sacrée à la Faculté de théologie, il ajouta le titre de membre de l'Académie de Marseille.

A propos des œuvres de pure imagination que sa veine facile semblait créer sans effort, il importe de dire que même les moins sérieuses, il les ennoblissait toujours par le but auquel il les faisait concourir. Associé par le regretté M. Laforet à la fondation de la *Revue de Marseille*, il essaya de rendre ce recueil intéressant et il a ainsi travaillé à assurer le succès d'une œuvre qui, depuis plus d'un quart de siècle, apporte chaque année au soulagement de la misère une somme à peu près égale au revenu que produirait un capital de cent mille francs.

Sa plume lui servait d'ailleurs à faire la charité de plusieurs façons. Vous nous avez révélé, avec un accent ému qui nous a vivement touchés, comment un jour, ayant épuisé toutes ses ressources, il eut l'idée, pour secourir une infortune, de convier le public à une conférence sur Molière. Mais il savait que la pauvreté est condamnée à des privations de toute nature, et puisqu'il est écrit que l'homme ne vit pas seulement de pain, ne faut-il pas, après avoir pourvu aux besoins les plus pressants de la vie matérielle, faire aussi l'aumône aux intelligences? Dans son ingénieuse charité, il lui vint la pensée de faire goûter aux déshérités de ce monde les délicates jouissances de l'esprit.

Vous nous avez parlé des conférences de Saint-

François-Xavier, fondées par l'abbé Julien pour instruire et moraliser les ouvriers, et auxquelles coopéra l'abbé Bayle, à son entrée dans la vie sacerdotale. Mais vous ne nous avez pas dit que cette œuvre, arrêtée par la mort de l'abbé Julien, fut reprise, quelques années plus tard, par votre prédécesseur, avec le concours de son vaillant ami, M. l'abbé Magnan.

Dans une vaste salle, située au milieu d'un quartier populaire, il invitait, le dimanche, un grand nombre d'ouvriers à venir assister à d'intéressantes soirées littéraires. C'étaient de vraies séances académiques qu'il organisait ainsi en l'honneur de ce modeste auditoire. L'abbé Bayle ne croyait pas qu'il pût y avoir de délassement plus agréable qu'une séance académique et il voulait mettre cet aristocratique plaisir à la portée des pauvres gens.

Il obtenait que la réunion fût présidée par un de ces hommes distingués qui, toujours prêts à faire passer la pratique des œuvres charitables avant les exigences des plus hautes situations, sont, on peut le dire, l'honneur de notre ville. Et pour composer le programme de la soirée, il mettait à contribution la bonne volonté des jeunes gens qu'il s'efforçait de vouer à la littérature, auxquels il prodiguait des encouragements, des conseils et des modèles, et dont il utilisait ce jour-là les premiers essais.

Rien n'était épargné pour donner à ces fêtes littéraires le plus d'attrait et d'éclat. Lié d'amitié avec notre grand poète provençal, Frédéric Mistral, avant que celui-ci fût devenu célèbre, l'abbé Bayle, qui avait eu l'heureuse fortune de lui entendre lire *Mireille* encore inédite, le décida à venir réciter des fragments de son poème devant l'humble assistance. Je me souviens encore de l'enthousiasme avec lequel cet auditoire inculte accueillit les vers du poète. C'est ainsi que la timide vierge de la Crau s'est pour la première fois montrée au public. Ce début ne pouvait que lui porter bonheur.

L'abbé Bayle avait d'ailleurs applaudi l'un des premiers à cette renaissance de la poésie provençale que l'histoire inscrira parmi les événements littéraires les plus étonnants de ce siècle-ci. Il prit part lui-même à ce grand mouvement. Vous nous avez parlé des noëls qu'il composait chaque année. Mais il produisit aussi d'autres poèmes dont un certain nombre ont été publiés par l'*Armaña prouvençau*. On y trouve cette saveur que donnent à leurs œuvres poétiques ceux qui se sont familiarisés avec le génie particulier de la langue provençale.

Séduit par les beautés de cette littérature, il entreprit d'en étudier à fond les origines. Au milieu des ténèbres du moyen-âge, la Provence, glorifiée par les poètes qu'elle enfanta, brilla d'une splendeur qui a rayonné jusqu'à nous, et ses troubadours conquirent une telle illustration que leur nom n'est jamais tombé en oubli. Mais en est-il ainsi de leurs œuvres? Ne pourrait-on pas répéter, à propos des troubadours, cette spirituelle comparaison que La Rochefoucauld, en son terrible scepticisme, appliquait à l'amour ? « Il est, disait-il, du véritable amour comme de l'apparition des esprits : tout le monde en parle, mais peu de gens en ont vu. » Le mot de troubadours est souvent prononcé, peut-être même en a-t-on fait abus. Mais si tout le monde en parle, peu de gens les ont lus.

L'abbé Bayle voulut, par un essai d'intelligente vulgarisation, initier le public à la connaissance des chefs d'œuvre de la littérature romane. Il réunit, étudia et traduisit toutes ces poésies qui enchantèrent la Provence de nos aïeux, et il résolut, ainsi préparé, d'exposer devant le nombreux auditoire toujours réuni autour de sa chaire de la Faculté des Sciences, les trésors que recélait la poésie provençale du moyen-âge. Ses conférences ont été colligées et forment le dernier ouvrage publié de son vivant. Dans la préface de ce livre, il met une juste fierté à rappeler avec quelle faveur il avait été écouté. « Ce cours, écrivait-il, a été suivi par autant d'auditeurs que l'amphithéâtre pouvait en contenir. »

Cet empressement s'expliquait bien. Il y a dans quelques-unes de ces leçons des passages où l'orateur, emporté par les ailes de la foi et de l'éloquence, atteignit les plus hauts sommets.

L'amour avait tenu beaucoup de place dans l'existence et dans les chansons des troubadours. Il fallait, sous peine de laisser subsister dans l'étude commencée une inexplicable lacune, parler aussi de leurs poésies amoureuses. La tâche pouvait sembler périlleuse ou tout au moins embarrassante. L'abbé Bayle aborda le sujet avec une noble hardiesse et l'éleva du premier coup à une grande hauteur. Il rappela d'abord l'infime condition à laquelle l'antiquité avait réduit l'amour. Puis il montra comment le christianisme, en exaltant la pudeur, en rendant à la femme sa part de royauté, en pénétrant le cœur humain d'une affectueuse reconnaissance pour un créateur souverainement bon, avait rehaussé, transfiguré, en quelque sorte divinisé ce sentiment. Réfutant par là, et sans y songer, l'injuste affirmation de l'auteur des *Maximes*, il indiquait où se peut trouver le véritable amour. Les pages que ce sujet lui a inspirées sont d'une incomparable beauté, parce qu'il les avait écrites, suivant une expression que je suis heureux de vous emprunter, « sous la dictée de son cœur. »

Je vous sais gré, Monsieur, d'avoir, en racontant la vie de votre prédécesseur, mis en relief autant les qualités du cœur que les dons de l'esprit. Le cœur et l'esprit ne vont pas toujours de pair. L'heureuse nature de l'abbé Bayle était, sous les deux rapports, également bien douée, et c'est la bonté de son cœur qui achevait de rendre sa personne si séduisante. Cette bonté se manifestait par la douceur de son regard, l'affabilité de ses manières, sa bonne grâce en accueillant indistinctement tous ceux qui s'adressaient à lui. Ennemi des ridicules, armé d'un esprit capable de décocher les traits les plus acérés, il savait résister à ces entraînements auxquels il est si facile de succomber, et s'il se permettait quelquefois des malices, il s'abstenait toujours des méchancetés. La bonté, chez lui, tempérait l'esprit, l'ironie était mêlée de douceur, et quand il maniait la raillerie, il s'arrêtait tout naturellement sur cette limite délicate où l'épigramme serait devenue l'instrument d'une blessure inguérissable.

Cette douceur ne s'est jamais démentie. Elle a persisté jusqu'à la fin, malgré de poignantes souffrances. Et pour donner une idée de l'angélique sérénité avec laquelle il attendit l'heure suprême, j'ai besoin de demander à Bossuet l'admirable expression échappée à son génie, et de dire que lorsqu'il vit la mort approcher, lui aussi il fut doux envers la mort. Il était d'ailleurs soutenu dans ce passage redoutable, comme vous l'avez si éloquemment rappelé, par la conscience d'une vie sans reproche, et il se souvenait alors de cette pensée des livres saints qu'il avait transcrite au commencement de sa touchante notice sur Paul Reynier : « Lorsque les justes quittent la terre, ils semblent mourir, aux yeux de ceux que n'éclaire pas la vraie sagesse ; mais ils vont, en réalité, vivre dans la paix. »

La perte que l'Académie a faite en la personne de l'abbé Bayle est de celles dont il est difficile de se consoler.

Mais croyez bien, Monsieur, — et ceci n'est point une vaine formule, — que si quelque chose devait adoucir nos regrets, ce serait d'avoir pu lui donner un successeur tel que vous.

Vous vous étonnez avec trop d'humilité que pour remplacer l'abbé Bayle nos suffrages soient allés vous chercher.

Nous vous accorderons aisément qu'il ne nous eût guère été possible de trouver un candidat dont les titres littéraires fussent aussi nombreux et aussi brillants que ceux de votre prédécesseur.

Mais que cela ne vous mette point en souci.

Les sociétés comme la nôtre ont été fondées pour entretenir et propager dans le monde le goût et le culte des choses de l'intelligence.

L'Académie accueille avec une vive satisfaction les gens du monde lorsque, pouvant dissiper leurs loisirs de tant de façons, ils ont mieux aimé les consacrer à la culture des lettres, à l'étude des sciences, à la pratique des beaux arts. Ceux qui s'y sont adonnés parce que les nécessités de la profession qu'ils ont embrassée le leur imposaient, ont moins de mérite à ses yeux. Et si elle ressentait quelque secrète préférence, ce serait, je n'en doute pas, pour ces hommes que le privilége d'un rang élevé, les faveurs de la fortune ou l'éclat des distinctions obtenues dispensaient d'ambitionner aussi l'auréole des succès scientifiques, littéraires ou artistiques ; qui néamoins n'ont pas dédaigné de poursuivre de pareils succès, et en sollitant une place au milieu de nous, ont montré le prix qu'ils attachaient à la qualité d'académicien.

Vous étiez, Monsieur, du nombre de ceux dont je viens de parler. Vous pouviez vous contenter du lustre que vous donnaient le prestige d'un vieux nom, une enviable situation conquise au barreau, le dévouement et le zèle déployés dans l'exercice des fonctions publiques, l'universelle estime méritée à tant de titres. Vous n'en avez pas moins cultivé les dispositions naturelles qui vous portaient vers les lettres, et recherché les avantages plus modestes qu'elles procurent à leurs amis.

D'ailleurs il n'y avait pas à s'étonner de rencontrer chez vous de telles dispositions. Vous nous avez révélé l'influence propice qu'ont eue sur vos jeunes années les conseils et les exemples d'un de nos confrères les plus distingués, votre oncle maternel, M. Alfred de Surian, qui avait eu l'honneur, je dirais volontiers la gloire, d'être député de Marseille en même temps que notre immortel Berryer. Permettez-moi d'ajouter que vous aviez trouvé de semblables leçons encore plus près de vous. Ne dois-je pas faire remonter l'honneur de vos succès jusqu'à ce noble père que rendent si cher, à vos amis comme à vous-même, son intelligence si élevée et si ornée, les délicatesses de son esprit et cette dignité bienveillante qui le caractérise ?

L'Académie a de plus considéré en vous les qualités que vous avez montrées en exerçant avec tant de distinction l'art difficile de la parole. Dans la fougue des improvisations quotidiennes, les orateurs du barreau sont enclins à ne point assez se mettre en peine de la forme dont s'enveloppera leur argumentation. Ce n'est pas à vous qu'un tel reproche pourrait être adressé. Ceux qui ont le plaisir de vous entendre à la barre, s'ils sont frappés de la vigueur du dialecticien et de la science du juriste, admirent en même temps la précision, la mesure, la pureté, l'élégance de votre langage. Rare est le concours de ces qualités qui, étant académiques au premier chef, devaient bien être représentées parmi nous.

Enfin notre Compagnie se plaît à escompter l'avenir. Elle a l'orgueil de croire que le titre qu'elle confère oblige celui qui le reçoit. Elle se réjouit d'espérer que la vertu de ce titre déterminera le nouvel élu à le justifier de plus en plus. Et rien ne la flatte autant que de voir publier des œuvres signées d'un nom qu'accompagne la qualité de membre de l'Académie de Marseille. La façon dont vous vous êtes acquitté de l'éloge de l'abbé Bayle est d'un heureux présage, et vous réaliserez, — nous en avons la confiance, — tout ce que vous nous donnez le droit d'attendre de vous.

www.ingramcontent.com/pod-product-compliance
Lightning Source LLC
Chambersburg PA
CBHW060936050426
42453CB00009B/1036